Harry Potter™

et le prisonnier d'Azkaban

Le retour de Sirius Black

Livre d'autocollants du film

kooki

Chez les Dursley

La fuite de Privet Drive

Au Chaudron Baveur

Bienvenue à Poudlard

Cours de Divination

Cours de Potions

Cours de Défense contre les forces du Mal

Soins aux créatures magiques

Chez Hagrid

À Pré-au-lard

Dans la Cabane hurlante

La fuite de Pettigrow

À l'infirmerie

Le Retourneur de Temps

Un dernier cadeau